LOS LUGARES DE MI COMUNIDAD

La estación de policía

Aaron Carr y Samantha Nugent

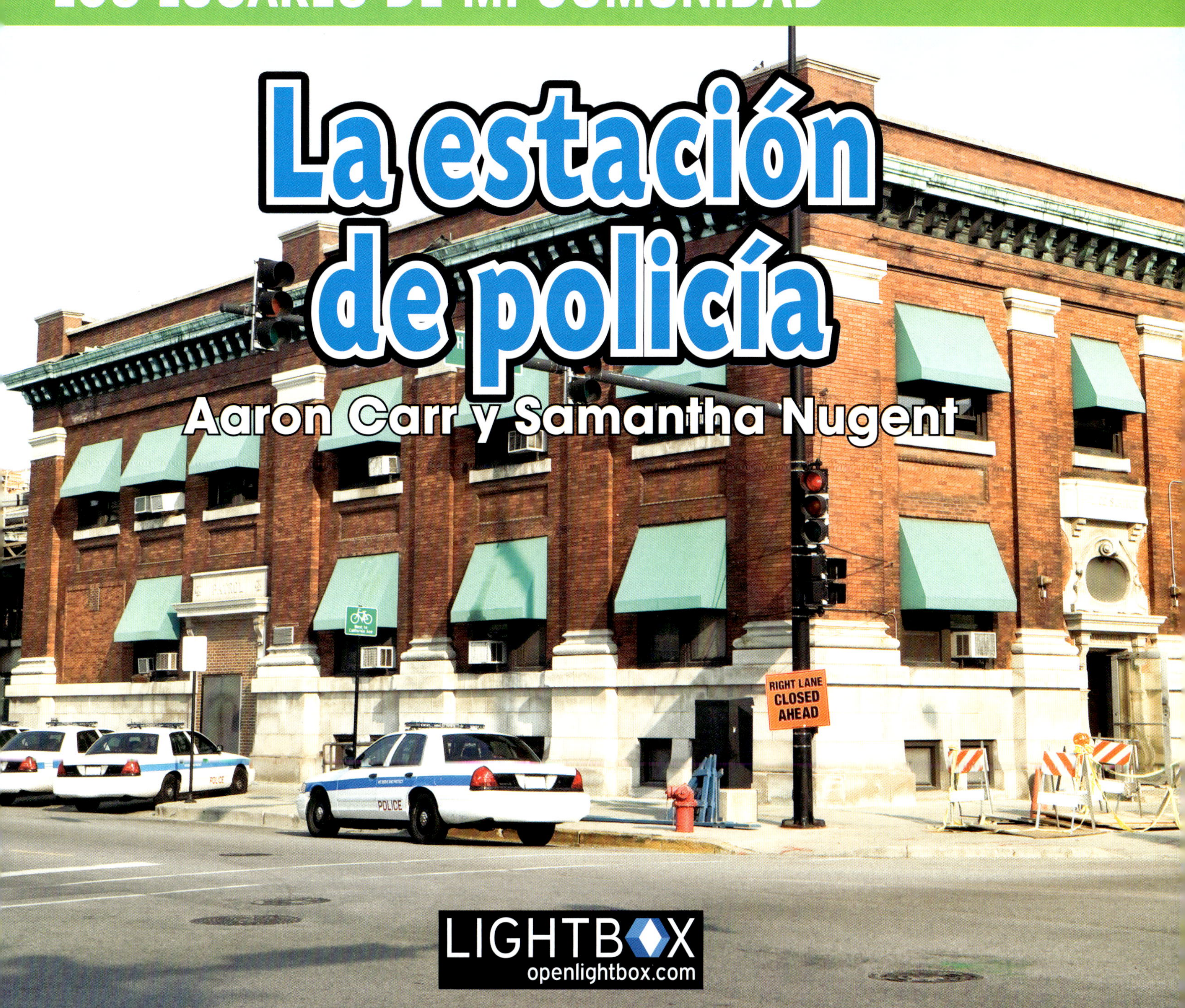

LIGHTBOX
openlightbox.com

LIGHTBOX

Entre a
www.openlightbox.com
e ingrese el código único
de este libro.

CÓDIGO DE ACCESO

LBC38629

Lightbox es una completa solución digital para enseñar y aprender temas curriculares de una manera original e innovadora. Lightbox se basa en las Normas Curriculares Nacionales.

OPTIMIZADO PARA

- ✓ **TABLETAS**
- ✓ **PIZARRAS ELECTRÓNICAS**
- ✓ **COMPUTADORAS**
- ✓ **¡Y MUCHO MÁS!**

CARACTERÍSTICAS ESTÁNDAR DE LIGHTBOX

 **AUDIO** Narraciones de alta calidad con sistema de texto a voz

 **VIDEOS** Videoclips de alta definición incorporados

 **ACTIVIDADES** PDFs imprimibles que pueden enviarse por correo electrónico y calificarse

 **ENLACES WEB** Enlaces cuidadosamente seleccionados con recursos seguros para niños

 **PRESENTACIÓN EN DIAPOSITIVAS** Ilustraciones gráficas de los conceptos clave

 **MAPAS INTERACTIVOS** Mapas interactivos e imágenes satelitales aéreas

 **CUESTIONARIOS** Diez preguntas de elección multiple con puntaje automático que se envían por correo electrónico al docente para su evaluación

 **PALABRAS CLAVE** Combinación de los conceptos clave con sus definiciones

VIDEOS

ENLACES WEB

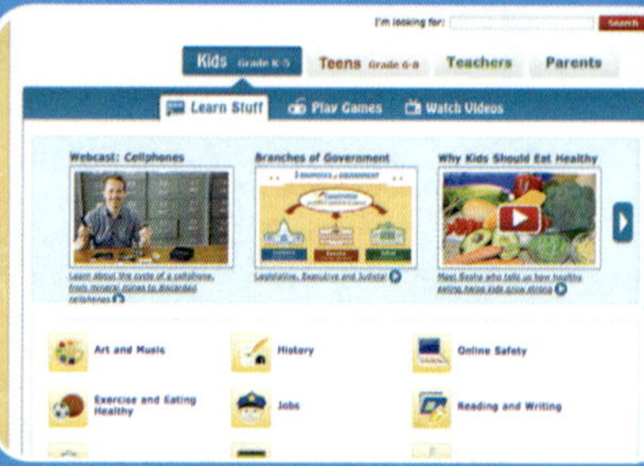

PRESENTACIÓN EN DIAPOSITIVAS

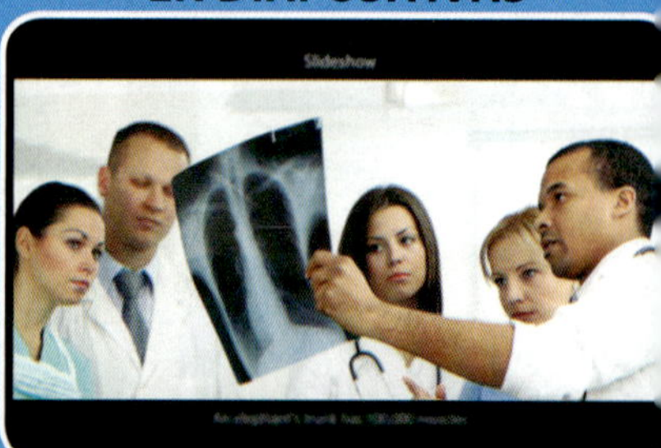

CUESTIONARIOS

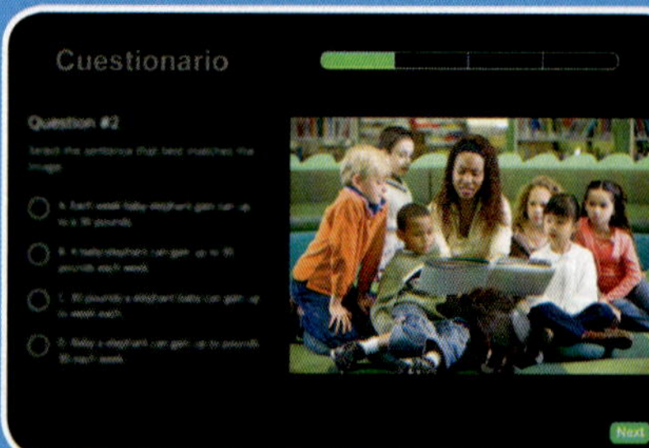

La estación de policía

En este libro aprenderás sobre

las estaciones de policía

la gente que trabaja allí

por qué son importantes

¡y mucho más!

Bienvenido a mi comunidad.
Aquí es donde vivo.

La estación de policía es uno de los lugares de mi comunidad.

En la estación de policía
trabajan oficiales de policía.

Los oficiales de policía protegen a mi comunidad. Se aseguran de que la gente cumpla la ley.

Los oficiales de policía conducen autos con luces y sirenas. Se llaman coches patrulla.

Los coches patrulla ayudan a los oficiales de policía a hacer su trabajo.

El primer coche patrulla usó **energía eléctrica** en lugar de gasolina.

www.nypdrecruit.com
RECRUIT
NYPD
COURTESY
PROFESSIONALISM
RESPECT
HYBRID

POLICE
DEPT.

Los oficiales de policía patrullan por toda mi comunidad.

Observan si hay alguien infringiendo la ley.

Boston, Massachusetts, ha tenido oficiales de policía desde **1600**.

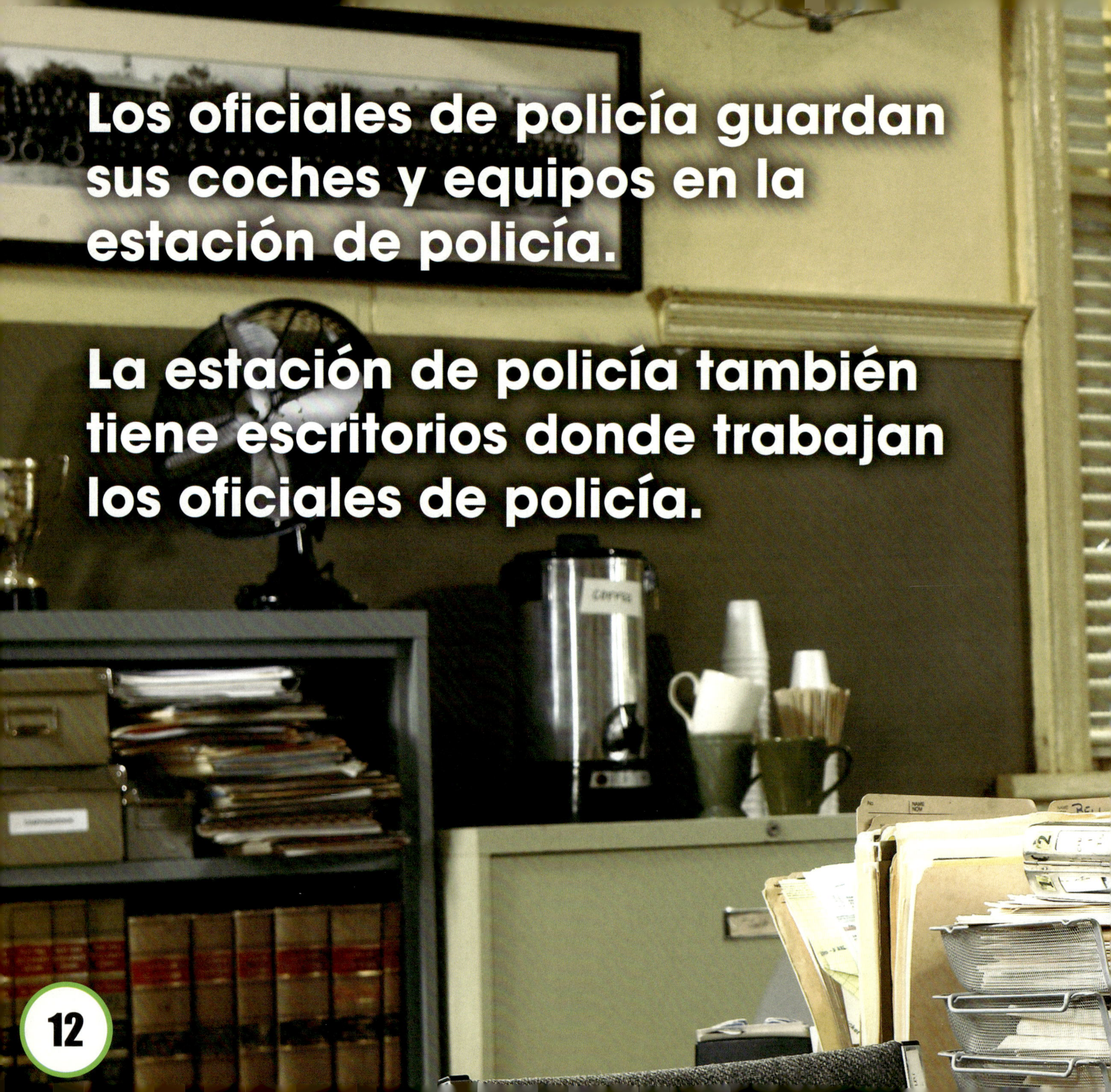

Los oficiales de policía guardan sus coches y equipos en la estación de policía.

La estación de policía también tiene escritorios donde trabajan los oficiales de policía.

POLICE DEPARTMENT
G. GIBSON

POLICE

Los oficiales de policía enseñan a la gente de mi comunidad sobre la seguridad.

Nos enseñan a protegernos en las calles.

Antes de cruzar una calle, siempre **mira** y **escucha** si viene algún **auto.**

La gente puede recurrir a los oficiales de policía si necesita ayuda.

Los oficiales de policía pueden ayudar a la gente perdida.

Con mi clase, iremos de excursión a la estación de policía.

Aprenderemos a protegernos cuando jugamos en la calle.

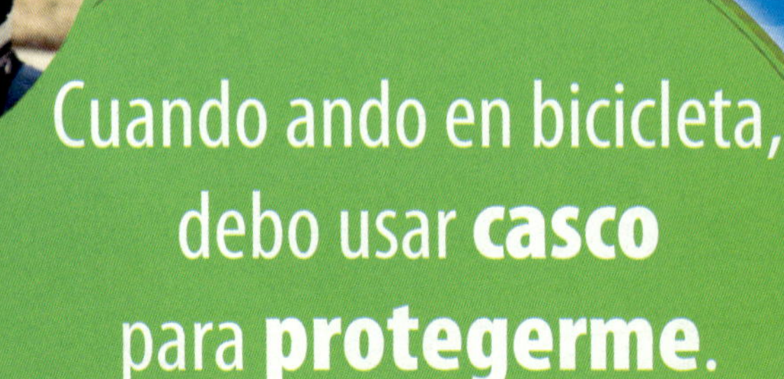

Cuando ando en bicicleta, debo usar **casco** para **protegerme**.

GIBSON

Los oficiales de policía asisten a los eventos especiales de mi comunidad.

Se aseguran de que todos estén seguros en los festivales y juegos deportivos.

MOTOR
DELRAY BEACH
SQUAD
POLICE

Veamos qué has aprendido sobre las estaciones de policía y los oficiales de policía.

¿Cuáles de estas imágenes no muestran una estación de policía?

Published by Smartbook Media Inc.
350 5th Avenue, 59th Floor New York, NY 10118
Website: www.openlightbox.com

Library of Congress Control Number: 2016959148

ISBN 978-1-5105-2394-4 (hardcover)
ISBN 978-1-5105-2306-7 (multi-user eBook)

Printed in the United States of America in Brainerd, Minnesota
1 2 3 4 5 6 7 8 9 0 21 20 19 18 17

072017
062117

Spanish Project Coordinator: Jared Siemens
Spanish Editor: Translation Services USA
Project Coordinator: Samantha Nugent
Designer: Ana Maria Vidal

Every reasonable effort has been made to trace ownership and to obtain permission to reprint copyright material. The publisher would be pleased to have any errors or omissions brought to its attention so that they may be corrected in subsequent printings.

The publisher acknowledges Getty Images and iStock as its primary image suppliers for this title.